This Book Belongs To

A a *is for*
Animals

Bb is for
Bat

B B B B B B B

B B B B B B B

B B B B B B B

B B B B B B B

B B B B B B B

B B B B B B B

Cc is for Cow

Dd is for
Dolphin

Ee *is for* Egg

Ff *is for* **Fish**

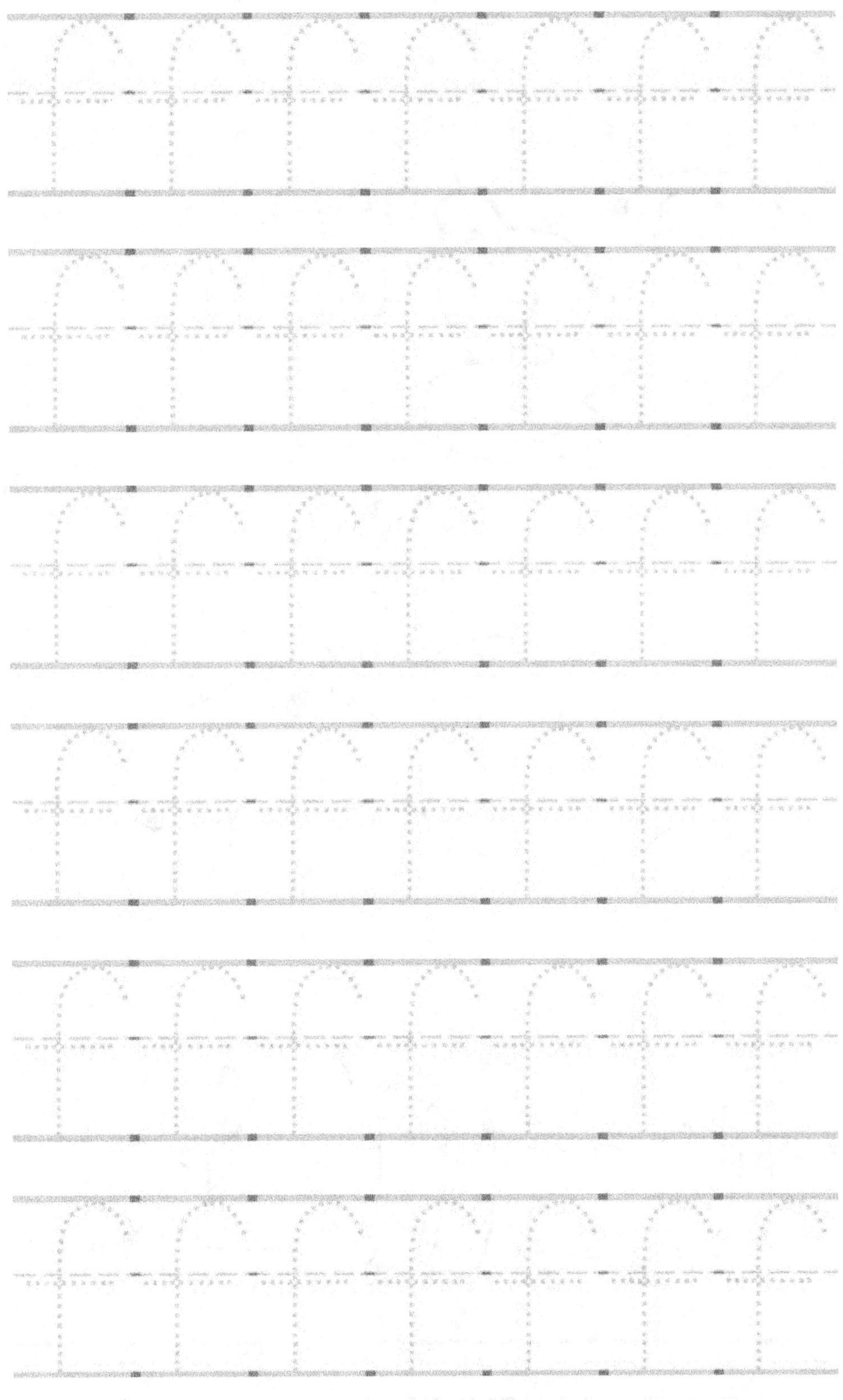

G g is for Goat

H h *is for* Horse

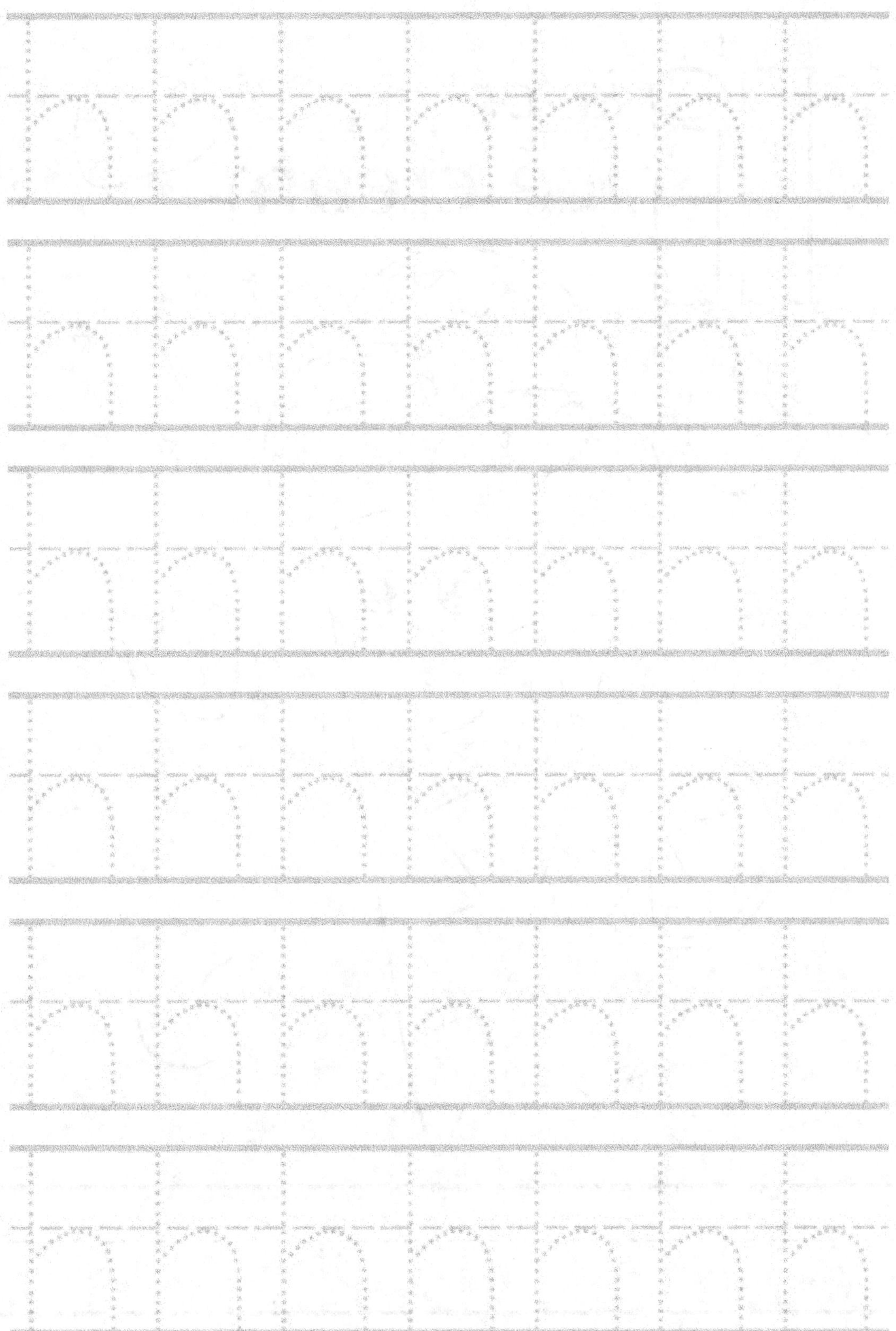

Ii is for Ice cream

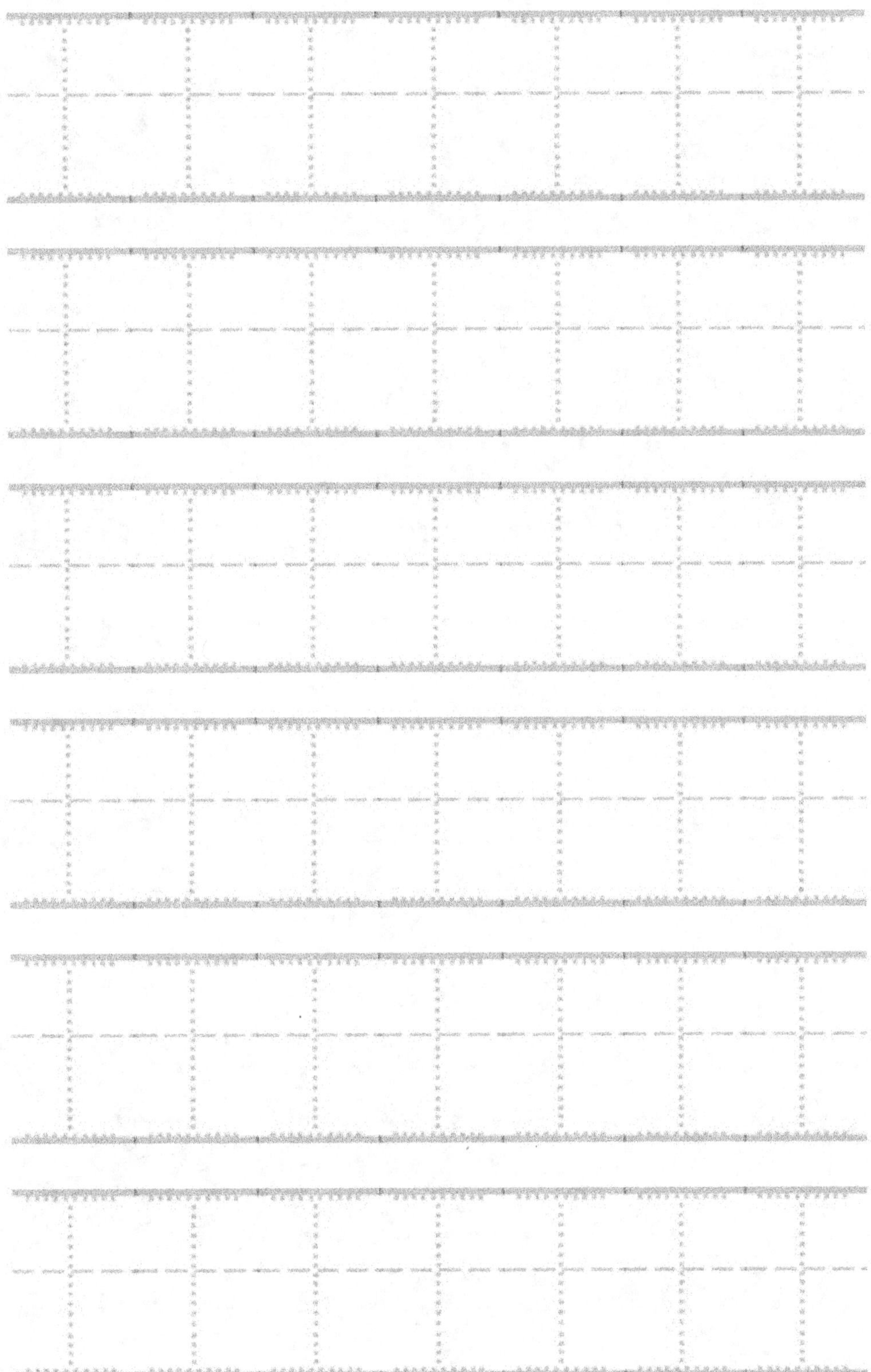

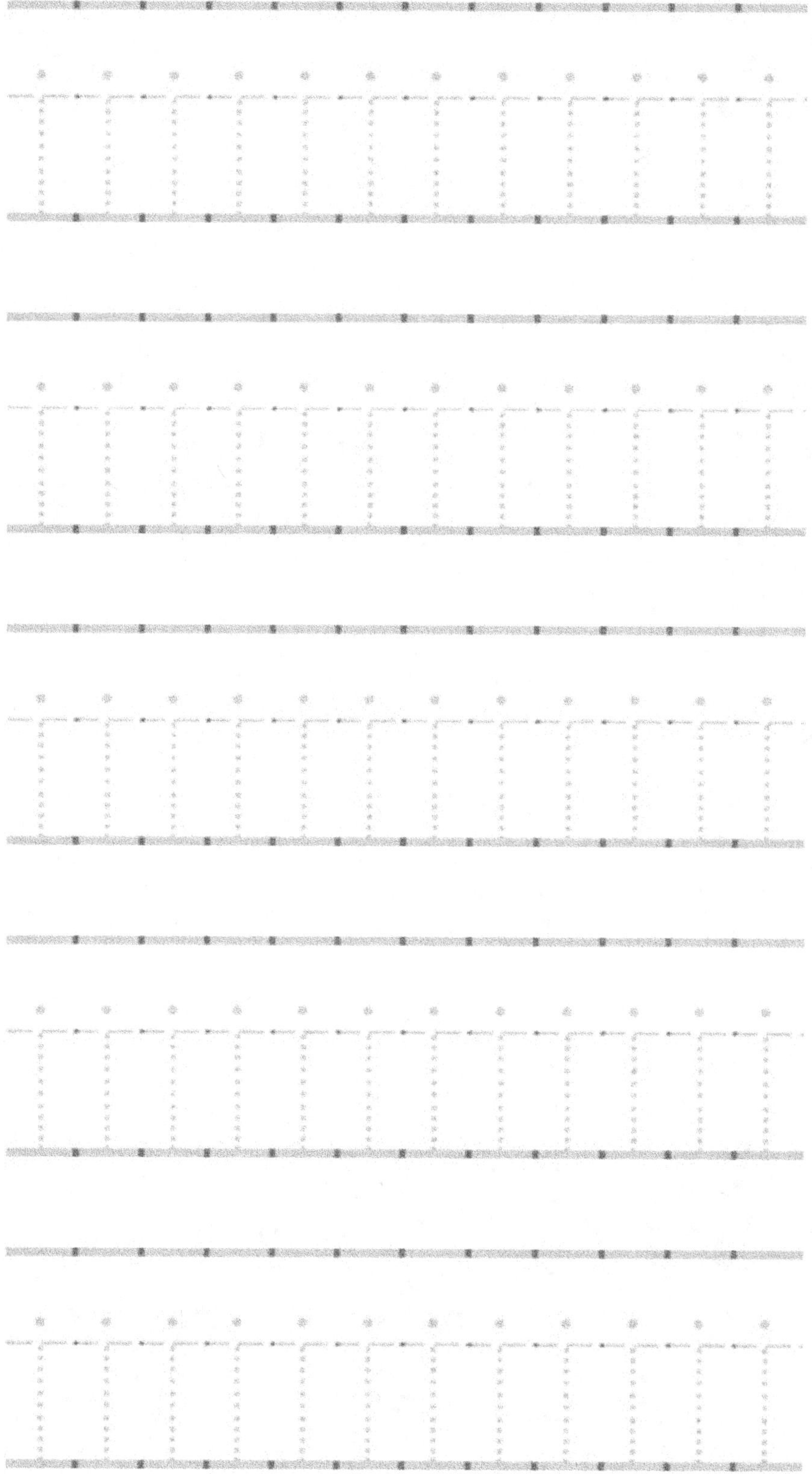

Jj *is for* Jaguar

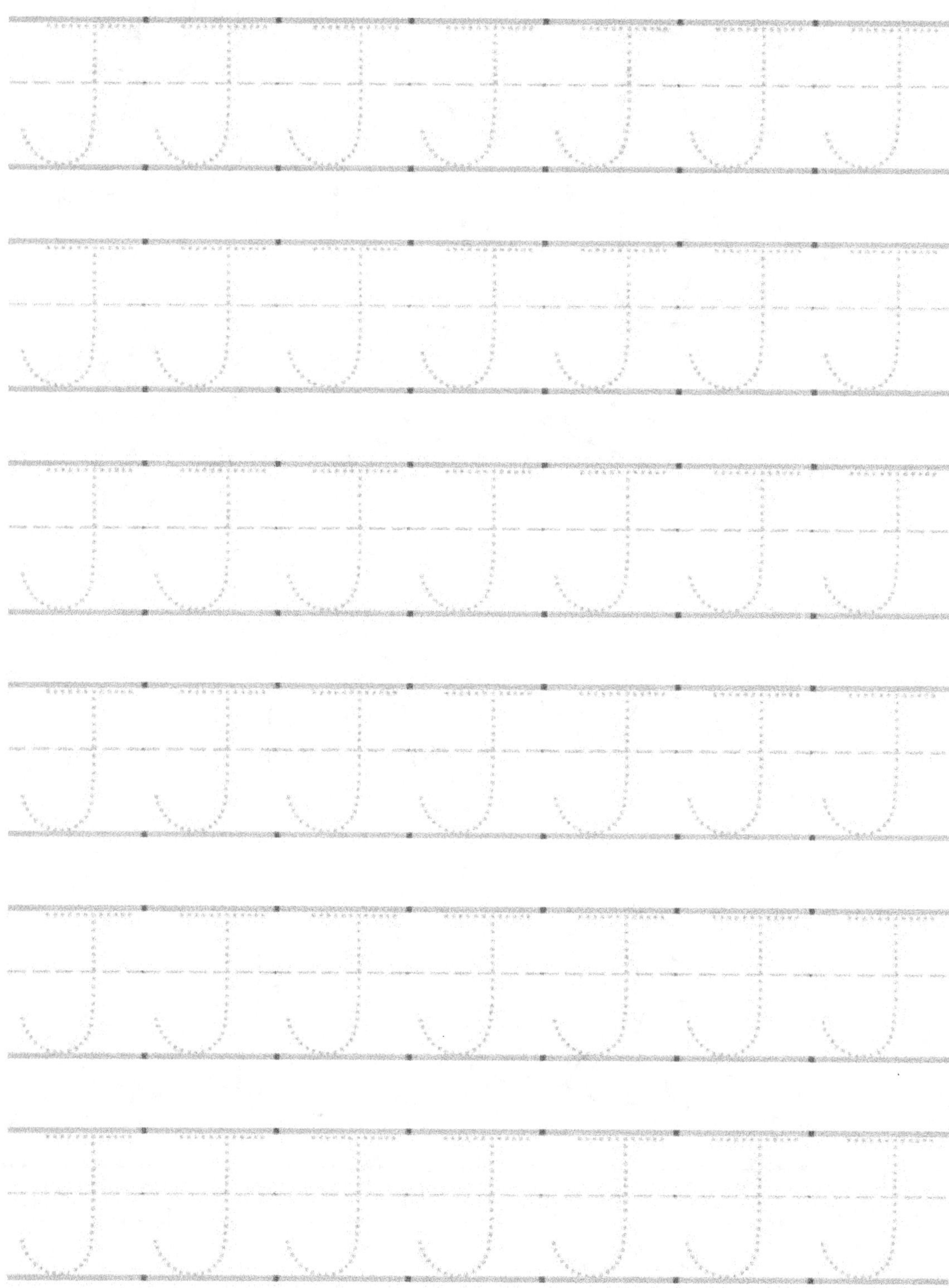

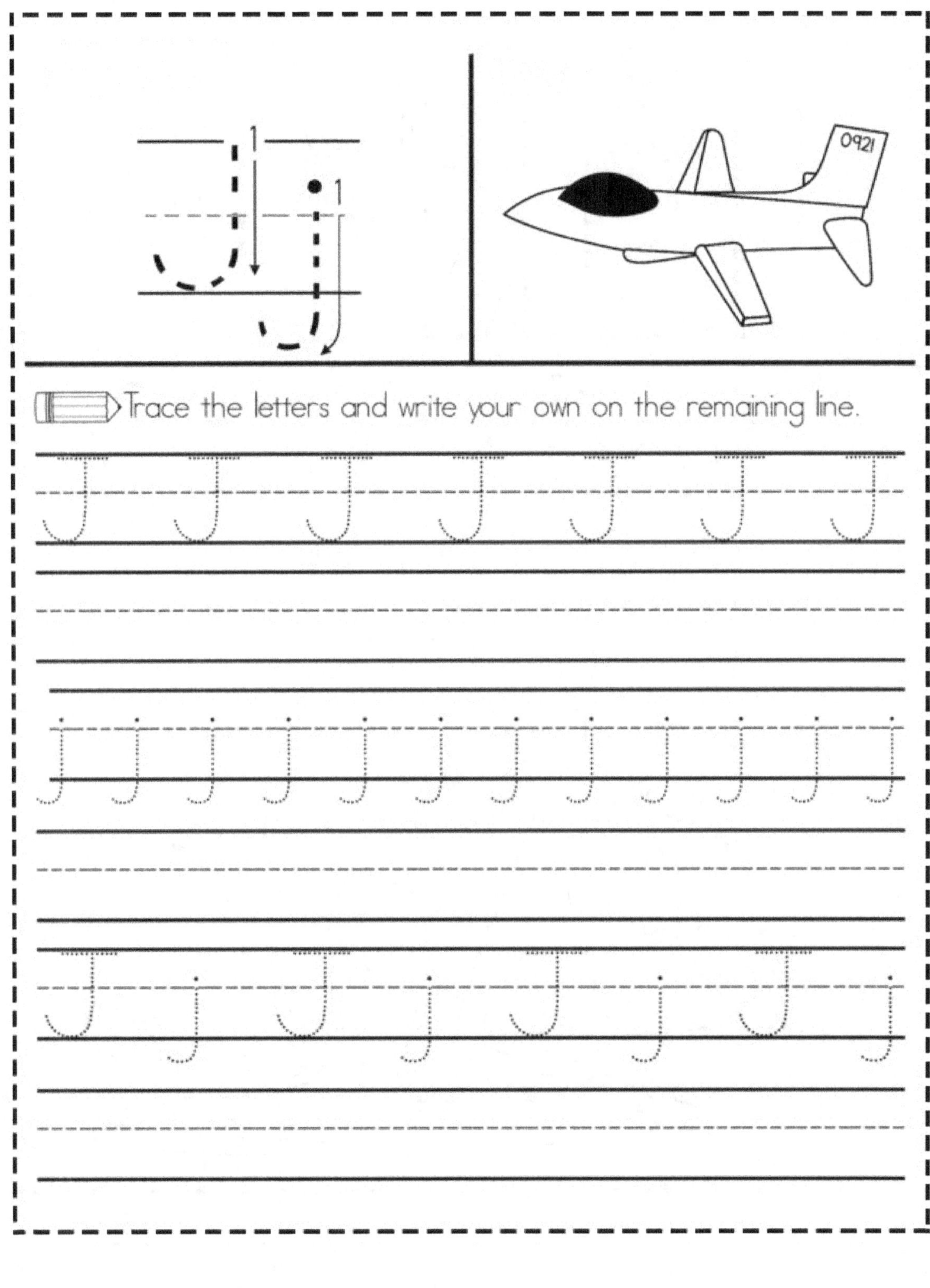

✏️ Trace the letters and write your own on the remaining line.

Kk is for
Kangaroo

Ll is for Llama

Trace the letters and write your own on the remaining line.

Mm
is for
Mouse

N n is for Nest

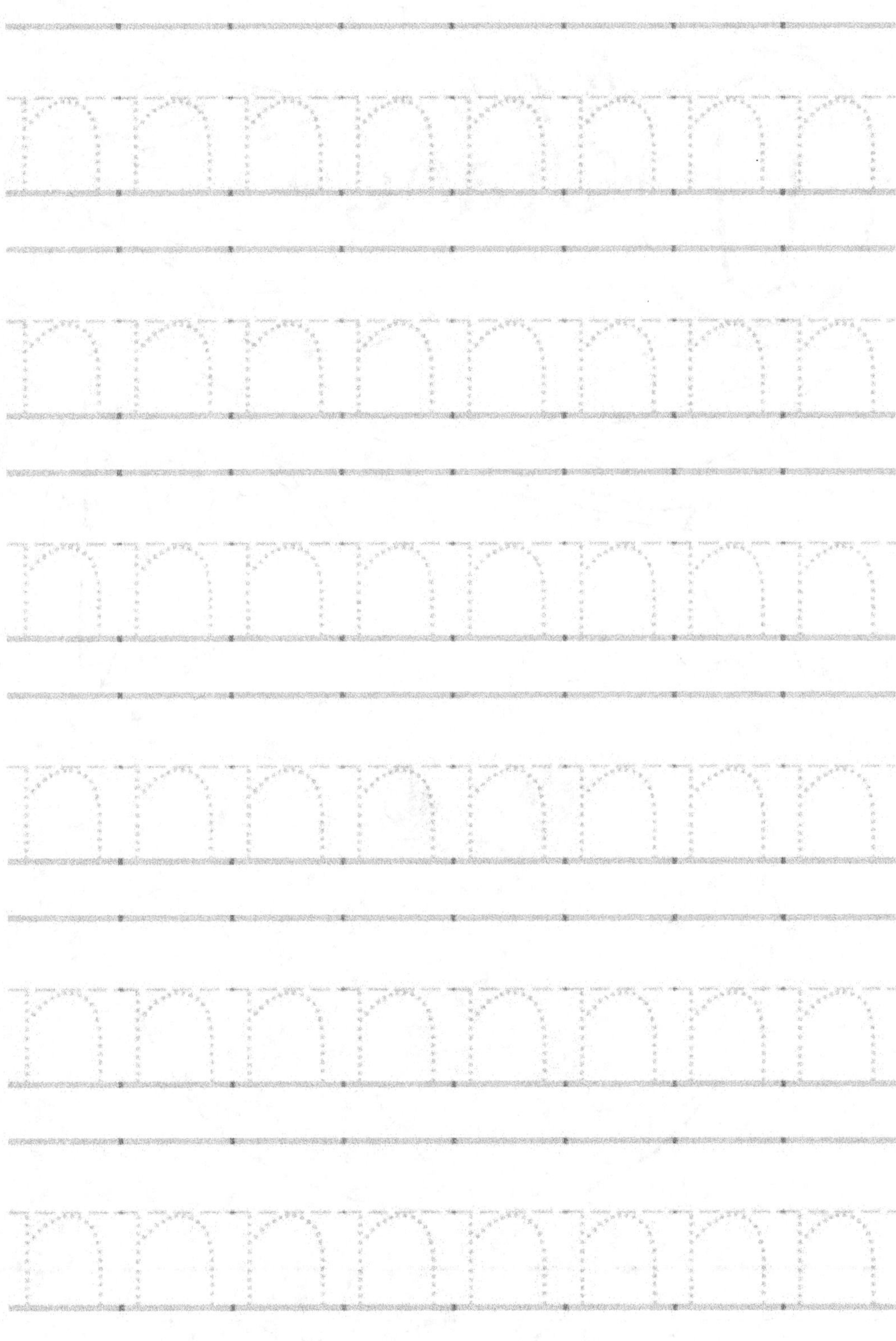

O is for
Orange

P p
is for
Parrot

✏️ Trace the letters and write your own on the remaining line.

Q q

is for
Quail

R r
is for
Rabbit

S is for
Spider

Tt is for
Turtle

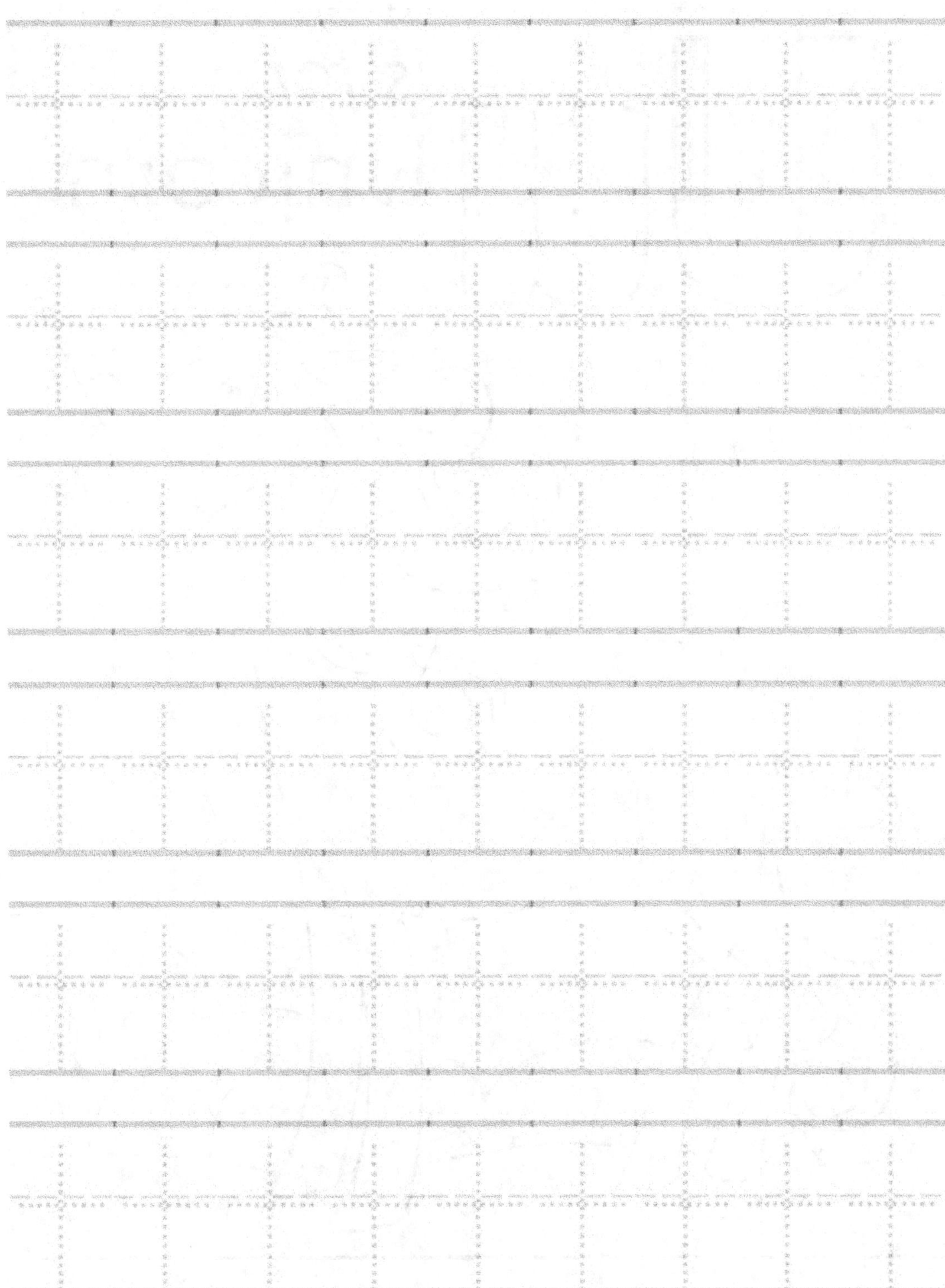

Uu *is for* Unicorn

Trace the letters and write your own on the remaining line.

V
is for
Vase

W
is for
Worm

X *is for* Xylophone

Yy is for
Yak

Z is for Zebra